POÈMES DE CE P@#~!N DE QUOTIDIEN

Édition : BoD – Books on Demand, info@bod.fr

Impression : BoD – Books on Demand, In de Tarpen 42, Norderstedt (Allemagne)

Impression à la demande

ISBN : 978-2-3220-1173-5

Dépôt légal : Avril 2023

Table des matières

À VOTRE TOUR

120

Il s'agit de fines tranches de vie sur le quotidien de tout à chacun, ne reflétant qu'un bout de ce que l'on peut vivre ou subir ...

La grande roue

La grande roue tourne en hoquetant

Faisant entendre ses grincements

Elle n'a plus la superbe de son enfance

Toutes les lumières qui l'habillaient se sont tues

Il ne reste que l'éclairage blafard de la lune

Pour lui donner l'impression d'être encore jeune

Le soleil, lui, lui jette à son visage cette triste réalité

« Tu Ne Sers Plus à Rien ». Le monde n'en a rien faire de toi

Va, emmène tes illusions et tes espoirs loin de toute promiscuité

L'espèce humaine, ici, dit qu'elle n'a plus besoin de toi

Pourtant depuis le début de l'éternité, rien n'a changé

Tu tournes, emmenant les vieux aux mêmes endroits

Remplacés par des jeunes commettant les mêmes erreurs

Et pourtant tout le monde te renie

Toi cette superbe mécanique ridicule de la vie

Elles/Ils 5/1

Elle était au crépuscule de son printemps

Prête à commencer l'été de sa vie

Elle était à l'aube de l'automne et brillait de mille couleurs

Et pourtant sous les coups

Elles se sont éteintes

Pour un mot de trop

Pour un mauvais jour

La bête s'est réveillée

A réclamé son dû en sang

Libérée de toute conscience

Elle s'est acharnée jusqu'à destruction

L'humiliation n'étant plus suffisante

Il aura fallu aller jusqu'à cet endroit

Sans vie pour satisfaire sa haine

Nombreux sont ceux qui pensent

Que seules Elles subissent

Mais Ils aussi subissent

Car la bête

Cette bête ! n'a pas de sexe

Cette bête ! n'a pas de genre

Cette bête ! n'a pas d'âge

Elle est juste là, en nous, attendant qu'on lui ouvre la porte

Pour se repaître et se déchaîner.

Iniquité

Tel un coup de tonnerre en pleine nuit
Un flash déchirant l'obscurité sous la pluie
La chair qui se déchire sous l'impact
Annonçant la fin inique de cet acte
Il n'en restera qu'une flaque de sang
Qui s'effacera sous l'encre du temps
Sa vie n'aura été qu'un trait fugace
Il aura fait du mal aux siens sans audace
Le monde, de lui, ne gardera trace
Il aura bien été autodidacte
Pas sur le chemin de la vie
Mais sur le chemin du déni.

Inébranlable

Au pied du mur regardant le ciel

La tâche paraît immense

Rien n'assurera le succès

Pourtant il faut y aller

Ne pas regarder en arrière

Aller de l'avant quitte à tomber

Empreinte du futur passé

Que restera-t-il de moi

Une fois le temps passé

Quelle trace laisserai-je dans ce monde ?

La même que l'espèce humaine

Quand celle-ci sera à son terme

C'est-à-dire rien, même pas un souvenir,

Juste, rien, malgré notre arrogance de croire en Dieu.

Et pourtant ce dieu qui n'existe pas

Sait à quel point on est dans le faux pas

On se démène pour tout détruire

Pour tout transformer en ruines

Sous le couvert de cette bonne conscience

Qui depuis 300 000 ans nous agrège

En monstre collectif égoïste

Improbable

Notre futur improbable écrasé

Par le poids de notre passé incertain

Nous entraînera dans un abîme

Bâti de choix hasardeux

Nous menant à la ruine et l'oubli

On te poussera

Tout le monde s'en fout de toi

Saute

Le son de tes os accompagnera ta fin

Saute

N'aie pas peur ta fin n'intéresse personne

Saute

Ta souffrance n'intéresse personne

Alors Saute

Gouffre

La vie a ouvert ce gouffre de l'entropie

En créant cette bête immonde

Que l'on appelle Homme

Toujours insatisfaite

Voulant toujours plus

Possédée par la peur du manque

Exigeant toujours plus

Bien incapable de se satisfaire

Du vivre ensemble

Et dans ce tumulte

On peine à entendre

Le murmure de la vie

Pleurant toute ses créations

Détruite par l'avidité

Ravagée par l'ignorance

Détruite par ce besoin de posséder

Ravagée par ce manque d'amour

Je ne parle pas de cette faim-là

Allez dire aux Inuits de sucer des cailloux

Allez dire aux crève-la-faim de brouter du gazon

Vous qui ne connaissez pas cette faim en nous

Cette faim qu'on ne choisit pas et qui mène à la mort

Vous qui n'êtes que des animaux de basse-cour

Qui passez votre temps à vous pavaner

Comment pouvez-vous venir encore

Nous emmerder avec vos principes

Vous qui ne connaissez pas le mot modération.

Liberté

Entre quatre murs

Enfermé dans ce noir

Drôle de façon de voir

Croire que l'on est libre

Petite homme capo

Toujours là au garde-à-vous

Le doigt sur la couture

Prêt à obéir sans faire de remous

Doté d'un zèle sans limite

Et d'une morale trouée par les mites

Tu as du mal à faire ta place

Mais avec ton ambition

Et le temps qui passe

Tu sais que tu feras ton trou

Ce qui te permettra de ce poste

D'acculer les gens jusqu'au bout

Au final tu as la même place

Que les bouchers des camps...

Heureusement la morale est sauve...

En apparence, car du mal tu en es l'expression

Petit homme capo

Les mots

Je croyais dans les mots

Qu'ils étaient importants

Qu'ils étaient magiques

Qu'ils offraient du rêve

Mais voilà

Toujours le même cauchemar

Celui du quotidien

Insipide et vide

N'offrant que des bruits humains

Noyant les écueils de la vie

Futur passé

Que restera-t-il de notre futur passé

Juste des souvenirs brumeux et sombres

Des espoirs cachés dans la pénombre

Cette sensation de gâchis

Gâchis pour avoir fait les mauvais choix

Gâchis pour tout ce gaspillage inutile

Gâchis de tout ce temps perdu

À cause de puissants égoïstes

Voulant conserver leurs pouvoirs

À cause de la plèbe

Qui ne veut rien entendre

Qui ne veut rien voir

Préférant la béatitude

D'une consommation stupide

Enfermé

Toujours tourner en rond

N'avoir en guise d'horizon

Qu'une fenêtre de fer

Vivre comme un moribond

Dans ce cube de béton

Rêver de ce ciel bleu

Qui est à mille lieux

De toute habitation

Avoir un horizon

Qui va plus loin

Que ces barreaux de fer

Avoir comme prison cette terre

Et non ce cube de béton

Toutes les larmes

Comme les gouttes de pluie

Les larmes tombent

Elles glissent de la commissure de tes yeux

Comme les torrents des montagnes

Elles charrient avec force des émotions

Qui, si on n'y prend garde

Peuvent nous engloutir

Suivant le chemin de l'océan

Elles emmènent toute la détresse de l'âme

Laissant derrière elles ce goût du sel

Qui nous rappelle que la vie

A un goût subtil et léger

Sans amertume

Normalité

Les gens normaux

Ont besoin des fous

Grace à eux ils peuvent cacher

Leurs vies vides de sens

Ce cimetière des sentiments

Où même la mort est insipide

Sans eux pas de révolution

Sans eux pas d'absolution

Juste un immense trou

Comblé par un consumérisme

Des plus insensés

Que les gens normaux

Appellent normalité

Puanteur de la vie

Petit monde inodore

Qui vit dans son petit confort

Rappelle-toi que la vie

N'est pas ce doux parfum

Que tu te prêtes à exalter

Mais bien ce parfum

Qui rappelle que la vie

N'est pas un ciel bleu

Si tu as un doute

Rappelle-toi de l'odeur

De tes levers matinaux

De tes pauses intempestives

Sur ces sièges royaux

Que tu te prêtes à oublier

À grand renforts de produit vantant

La bêtise humaine et ruinant

Ton espace vital

La définition que tu te donnes

De la vie au final

N'est pas la bonne

Et à vouloir ne pas le voir

Tu finiras empêtré

Dans tes contradictions

Et cela nous entraînera

Nous espèce humaine

Dans la perdition

Récurrence

Passer sa vie à engloutir

Des tonnes de viande

(et/ou)

Se goinfrer de légumes

Boire jusqu'à la lie

Tout ce qui peut l'être

S'empiffrer de tout ce que l'on peut produire

Pour mieux se battre au nom de principes (soi-disant) moraux

Se prendre pour le défenseur de la veuve et l'orphelin

Croire que sa raison de penser est la seule vraie

Appliquer toute forme de propagande

Avec une déconcertante immoralité justifiée

Triste

Mais tellement humain comme comportement

Se répétant depuis la nuit des temps

Ne voulant rien retenir des erreurs de nos aînés

Préférant de tous ces maux les blâmer

Avec légèreté refuser de les endosser

En n'en étant pleinement conscient

Cédant à la faciliter d'accuser l'autre

Car ne voulant pas se remettre en cause

Préférant écouter notre

Intégriste

(et/ou)

Extrémiste

Qui anime et attise

Avec jouissance et gourmandise

Cette haine de l'autre

Voilà ce qu'est ce mal

Qui veut imposer ses choix immoraux

Religieux

(et/ou)

Sociétal

Les contingences de la vie

Croire que nos choix n'ont pas d'impact
Alors que la vie ploie sous ses contingences
Qui n'ont rien d'actes fortuits
Il est temps avec la vie de passer ce pacte
Vivre en symbiose et non en parasite

Cette terre

La vie s'ouvrira enfin au possible

Quand l'humanité respectera la terre

Bonnes pensées

Les pavés de nos bonnes intentions

Sont l'infernal chemin de notre vie

Indispensables

Nul n'est indispensable

Sauf les morts
Ils nous rappellent
Que nous finirons comme eux
Que nous finirons dans l'oubli

Au bout du monde

Partir loin d'ici

Au bout de ce monde

Se rendre compte

Que le même est ici

Que les sentiments abondent

Et qu'après décompte

Voir que tout est pareil

Pourriture

Triste désolation que ce mot
Ainsi que ses enfants l'accompagnant
Décrivant notre part sombre
Vendue par notre morale dévoyée
Ostracisé par nos élites du pouvoir
Tous corrompus, pas par le mal
Mais par la facilité du gain sans heurt
De ce pouvoir si facile à utiliser
Et à appliquer
Les rendant si arrogants
Et confondants de stupidité
Croyant en ce qu'ils font
Alors que le meilleur ou pire
Qu'ils laisseront comme souvenir
Sera leur nom
Qui finira dans une tombe
Vide de sens

Choix

À la croisée des possibles

Là où converge toute pensée

Notre avenir se dessine

Parmi toute cette multitude

Se trouvent ces choix, sans certitudes

De nous mener sur le bon chemin

Pour les haineux

Je dédie ces quelques vers
À ceux qui ont ce goût du fer
Ce vulgaire morceau de métal
Qui déchire les chairs

Je dédie ces quelques vers
À ces voix grondant comme le tonnerre
Avec comme seul horizon ce mal
Rempli de leurs paroles délétères

Je dédie ces quelques vers
À ces haineux semant en terre
Ces sentiments haineux si banal
Avec comme objectif la guerre

Politiques

Ces représentants du pouvoir

Qui sont des bêtes de foire

Juste bons à se pavaner

Et surtout rien honorer

Ne tenant leurs engagements

Que par des propos critiquant

ceux qui sont en haut

ainsi que les badauds

Rebondissants sans fin

Sur les effets de mode

Consistant à sauver la veuve et l'orphelin

Alors que leurs actions sont aux antipodes

Traits de caractère

Il y a les audacieux

Les prudents

Les affables

Les asociaux

Les curieux

Les indifférents

Les agressifs

Les dociles

Tous ces traits de caractères

Qui constituent les gens

Qui nous rendent uniques

Sont le produit d'une reproduction millénaire

Ils sont notre définition pour le meilleur

Ils sont notre définition pour le pire

Pourtant cette vérité

Tolérable pour le monde animal

Ne souffre d'aucun droit pour notre espèce

Sous prétexte d'être seule consciente

Sous prétexte que quand le pire est là

Alors forcément ce n'est pas humain

Alors forcément c'est l'autre

Refusant ce droit individuel

Et pourtant l'appliquant au collectif

Rendant tolérables les foules haineuses

Rendant tolérables les foules violentes

Nos représentants

Ils sont tout en haut du sommet

Se croyant les dignes représentants de notre société

Ils ont cette conviction d'être utiles

Alors que tout montre qu'ils sont futiles

Sous prétexte d'être les « élus » de service

Ils mettent en place toutes sortes de sévices

Pour abêtir un peu plus cette population

Qu'ils ont de toute évidence en opprobre

Appliquant leurs visions du « bien » sans concession

En s'arrangeant avec la morale de façon sobre

Pourtant de rien ils ne sont dignes

De la nature ils n'en sont que le paradigme

N'étant juste que des animaux de pouvoir

Ayant une haute opinion de leurs perchoirs

Persuadés d'être des élus de la destinée

Alors que leurs gènes sont justes obstinés

Banal

Durant ce battement d'une vie

S'accrocher à ce flot rouge

Qui a l'odeur du fer

En croyant qu'il est éternel

Avec cette illusion d'être unique

Alors que nous ne sommes qu'éphémères

Que nous n'avons de magnifique

Que cette banalité remplie de préjugés

Qui fait de nous notre quotidien

Et qui donne l'illusion d'être bien.

Animal

Tu dis que tu n'es pas un animal

Tu dis que tu es le fruit de Dieu
Que toute exaction en son nom est morale
Que cela te donne droit à être odieux

Mais laisse-moi te rappeler

...

Que comme les canidés tu défèques
Que comme les bovins tu urines
Que comme les phocidés ton haleine fouette
Que comme les lagomorphes tu copules à tout va
Que tes flatulences ne sont pas meilleures
Que celles des autres simiesques
Bref

...

Tu crois être l'aboutissement du mieux.
Il est vrai que je dois reconnaître sans blâme
Ce fait qui n'a rien d'odieux.
Seul Homo sapiens est à ce summum
Où nul autre ne sait torturer ses semblables
Pour des idées plus fausses que vraies
Seule notre race en toute connaissance de cause
Peut détruire son environnement sans pause

En disant que c'est pour le bien de tous
En fait au vu de notre époque qui tousse
Nous sommes franchement ce que la nature
A créé de pire, une énorme rature
300 000 ans pour en arriver là
Toujours des frontières animales
Toujours des despotes à l'esprit obtus
Suivi par des gens non moins obtus
Sans conscience de ce qu'on devrait être
Très loin d'atteindre le summum
De notre potentiel...

Colère

N'entendez-vous pas les coups de tonnerre

Ne voyez-vous pas les éclairs fendre terre
Vous qui vous croyez sans nul autre pareil
Serez emportés pas cette colère sans pareille.

Esprit plat

L'esprit humain est d'une telle platitude

Que malgré toutes ses turpitudes

Il n'arrive pas à en tirer leçon

Répétant à l'infini sa basse condition

193

Officiellement 193

L'élite des Homo sapiens

Le summum de la pensée

Représentant l'éthique

...

Dans le monde théorie

...

Car en pratique

Élus démocratiquement

Élus par le destin

Élus par la force

Élus par la lignée

Élus par la foi

Ils représentent le pire

Suivis de leur cohorte

De petits cloportes,

Rêvant de prendre leur place

À coup de couteaux dans l'aorte

Drapés de leur immoralité des plus morales

Considérant le citoyen comme une ressource banale,

Servant à engraisser toutes leurs carences

Mentant à tout va comme une bise d'été

Alimentant les braises de la colère

Avec une constance assassine

Pourquoi ces gens

Enfermés dans leurs fanges

Ne comprennent-ils pas

Que le plus important maintenant

N'est plus leurs ridicules frontières

Mais cette sphère que l'on nomme Terre

Salle d'attente

Attendre son heure

S'ennuyer sans heurt

Voir ces gens qui vont et viennent

Sentir la nostalgie de ceux qui reviennent,

Le stress de ceux qui ont peur du louper.

Les voir rester aux aguets

Des annonces lancées

Par les haut-parleurs

Vivre cette distance entre les gens

En regardant ces petits groupes échanger

Finalement ne ressentir que la solitude,

Malgré la présence de cette foule bigarrée

Pris dans cette danse incessante des baguages

Entrainés par le tourbillon quotidien des voyages

Et cette valse des départs et attentes

De cette salle d'attente, attendre son heure

Chatte Bite Couille

*Mais !!! quels sont donc ces manants

*Qui parlent sans aucune vertu

*Comment en ce XXIe siècle de tels malotrus

*Aient le droit de jacasser à ce point

*Votons sans délai une loi pour les exclure

...

« Chatte Bite Couille »

...

*Fichtre il ne sera pas dit que nous élus

*Laisseront fanfaronner ces gueux

*Sans vertu plus longtemps

*Ils sont décidément avec leurs mots crus

*Loin du respect que nous leurs accordons

...

« Chatte Bite Couille »

...

*Cette plèbe devrait être à nos bottes

*S'abreuver de nos mots sans fausses notes

*Pourtant Ils s'expriment par des mots crus

*De ces mots avilissants qui nous offusquent

...

« Chatte Bite Couille »

...

*Éplapourdis de tant d'outrecuidance

*Nous allons de ce pas les emberlucoter

*Mais ne crions pas haro sur le baudet

*Il nous faut savoir raison garder

*Contentons-nous de les escharnir

...

« Chatte Bite Couille »

...

*Dès que loi sera votée avec entrain

*Nous pourrons de nouveau nous acagnarder

*Retourner faire les croque-lardons

*Et mirer ces gueux se débattre

*Dans la misère de leurs vies insipides

...

« Chatte Bite Couille »

...

Sieurs les puissants prenez garde

Ne nous prenez pas pour des

Niquedouilles

Pluie d'été

Pluie qui chuchote en été
Odeur douce de terre mouillée
Chaleur humide qui remonte
Parfum enivrant de nature

Existence

Si l'autre venait à disparaître

Alors cette raison de vivre qui est nôtre,

Qui nous fait, n'aurait plus lieu d'être

Car on n'existe qu'au travers du regard des autres

Virus

Ton petit nom doux, coronavirus.

Sans faire de bruit tu es parti à la conquête du monde
Alors que l'on sait très bien que tu es faiblement létal
On t'affuble de tous les maux les plus terribles
Te faisant passer ainsi pour ce que tu n'es pas
Nos dirigeants savent que tu n'es que l'ersatz de ce qui doit
advenir
Ils savent que les mesures pour te contenir sont simples
Mais pour calmer les inquiétudes ils en prennent des extrêmes
Au final tu finiras par faire ton chemin et à terme disparaître
Nous humains nous glorifierons alors de cette victoire à la
Pyrrhus
Alors que tes frères d'armes déjà présents et bien plus fatals
Attendent patiemment leur heure pour s'épanouir.

Mon père

Je ne sais l'image que vous gardez de votre père

Peut-être paraissait-il plus grand que les montagnes

Peut-être était-il plus robuste que le fer

Probablement que ses colères ressemblaient à des tempêtes

Sûrement que ces rires étaient des éclats de bonheur

Ou peut-être avez-vous eu ce père malhonnête

Celui qui ment, triche et dilapide à tous vents

Ou alors celui qui n'existe que par la violence

Finalement ces pères sont si nombreux et si différents

Qu'il est vain de vouloir tous les citer

J'espère que vous avez eu ce père qui vous a ouvert la vie

Celui qui vous apprend le respect de l'autre sans envie

Moi finalement, le mien !

Dieu qu'il était petit mon père pourtant si grand

Cloué dans ce cercueil si petit

Ce jour-là, mes rêves se sont envolés

En voyant le vide que représente la vie

Ce jour-là, j'ai su que jamais

De moi il ne serait fier.

Dîme

Dîme, impôt du Moyen Âge

Pour prélever un dû datant d'un autre âge

À notre époque on pense qu'il a disparu

Mais non il existe toujours cet impôt indu

Il est juste plus inique et subtil

Son nom a changé pour paraître utile

Son prélèvement se fait avec acceptation

Car son nom, magnifique, est « action »

Et quand ce dû indu n'est pas payé

Alors la société est ouvertement saignée

Par des gens dont la morale trouée

Ne laisse place à aucune compassion

Car le gain immédiat qui doit être gagné

A plus de valeur que la vie des employés

Mais ne croyez pas que les pays totalitaires

Sous prétexte de juste partage ne le prélèvent pas

Eux préfèrent une méthode sans ambages

Ils prélèvent directement cette dîme sans ombrage

Contagion

Tu te transmets au contact des gens

La proximité te facilitant cette tâche
Transportant avec toi des peurs d'un autre âge
Tu as cette inertie à faire des dégâts importants

Profitant de l'ignorance du commun des gens
Qui adoptent un comportement irrationnel
On peut dire grâce à cela et sans ambages
Que ces « capacités » millénaires te vont comme un gant

Pourtant Dieu sait, que la victoire sur toi
A semblé proche plus d'une fois
Mais ta facilité à muter rapidement te rend indestructible
Tu es ce virus que l'on appelle « Bêtise humaine »

Lancinant

Petite musique lancinante

Avec tes mots enivrants

Qui tournent en boucle

Tu finiras par tout envahir

Empêchant de penser correctement

Rendant tes paroles entêtantes

Nous faisant accepter l'inacceptable

Au point de perdre toute raison

Sous couvert de références objectives

Perverti

L'argent a été perverti par les puissants

Le transformant en lien d'asservissement

Il n'a plus cette valeur faciale

Qui consistait à mesurer le travail

Il est devenu cette chaine, ce collier

Permettant de garder les gens attachés

Les rendant soumis et dociles

Avec l'illusion de prêts faciles

Ils ont perverti notre raison d'être

En nous faisant croire de rien omettre

Mais si l'on devait faire les comptes

Le dû n'aurait rien d'un escompte

Il serait un puit sans fond

Reflétant l'avarice des grands pontes

Homo-sapiens

Animal émotionnel

Vivant de ses pulsions

Illogique

Ils sont censés travailler à l'unisson

Aller dans la même direction

Mais de cela rien, préférant

Tyranniser les manants

Haranguer les gueux

Ils renient l'avenir

En fixant leurs égos comme horizon

Refusant de tirer vers le haut

En laissant les gens dans le faux

Les faisant ainsi décrépir

Dans ce monde hideux

Où ils ne laisseront rien de bon

Logique

Alors qu'ils ne sont que des biens-nés

Ils prônent le travail comme valeur

Alors qu'ils ne sont que des donneurs d'ordres

Ils osent prôner le goût du travail

Mais de ce mot, ils n'en ont qu'une triste définition :

Celle du « gueux idiots corvéables à merci ».

Vérité

Il n'y a dans ce monde de vérité

Que celle que l'on peut accepter

Toutes autres sont considérées

Comme étant réalités dégénérées

Croyances

Les croyances sont les béquilles de la vie

Nos croyances sont nos béquilles de notre vie

Citoyen de la vie

Réveille-toi le monde est en émoi

Tous ses héros sont morts

Il ne reste que les haineux

Il ne reste que les dictateurs

Nous avons perdu le nord

Il n'y a plus d'âmes valeureuses

Nos rêves ont été ensevelis sous la peur

Citoyen de la vie réveille-toi

On a besoin de toi

La guerre n'est pas perdue

Reprends cette arme incongrue

Qui est la connaissance

Apprends, comprends

Ne laisse plus personne t'écraser

De sa suffisance

De son intolérance

Alors reviendra le printemps

Les muses

Soufflant le vent fétide de la bêtise

Abreuvant la réflexion de contresens

Ces muses jouent avec les esprits étroits

Les poussant à devenir une foule aux abois

Qui alors perd toute logique et s'enlise

Dans cette folie qui n'a qu'un seul roi

Et dont la raison d'être est la nuisance

Petit complot

JE SAIS,

Je sais, croyez-moi la terre est plate

Je sais, croyez-moi les chemtrails sont toxiques

Je sais, croyez-moi les extraterrestres nous gouvernent

Je sais, croyez-moi on vous ment

En fait je ferai tout pour que la vérité éclate

En fait je vous en fais le serment

Je vous prouverai que l'on vous fourvoie

Que nous vivons dans un monde antinomique

Mais en fait dans ce monde d'acouphènes

Tous les complotistes à la petite semaine

Nous polluent et nous intoxiquent

Et entraînent avec eux tous les décérébrés de la vie

Préférant s'attacher à ce collier de panurge

Que d'affronter les ombres de Platon

Les murs

Ces murs dans nos têtes

Construits de nos préjugés

Cimentés avec le temps

Figés par le quotidien

Nous enchaînent dans nos certitudes

Impossibles à réduire en miettes

Si on ne possède pas le marteau de la réflexion

Si on ne possède pas le burin du savoir

Si on ne possède pas l'envie de changer

Gilets jaunes

Poussés à bout par le patronat

Trompés sans honte par les syndicats

Jamais reconnus par les politiques

Oubliés par les grands groupes éclectiques

Pourtant sans eux point de capitalisme

Sans eux points de consumérisme

Et qu'ont-ils en retour ces gens-là ?

Rien, même pas cet espoir-là

De se dire qu'ils auront une belle vie

La vie

La vie, cette étrangeté

Qui consiste à répéter

Les gestes du quotidien

En attendant la fin.

Sensations

Drôle de situation

Que de se lever tous les matins

Pour réaliser son quotidien

Sans avoir la sensation d'être utile

Juste servir cette société futile

Où la seule considération que l'on a

Est le prix du Nutella à 50%

Sentir ce mépris des arrogants

Nous jetant leurs « bontés » à la gueule

Pour notre soi-disant bien

Je les vois sacrifier notre éducation

Je les vois sacrifier notre liberté

Pour nous faire bénéficier d'une réduction

Pour nous faire bénéficier du paradis

Je les vois ces gens là

Qui nous poussent dans la fange sans vergogne

Croyant que sommes trop stupides

Pour ne pas voir le mal qu'ils font

Croyant nous manipuler à leurs guises

Car trop stupides pour les voir

Drôle de sensation que de voir

La stupidité des puissants

Nous entraînant à notre perte

Avec notre consentement implicite

Persifleurs

Dans ce monde d'acouphènes

Ne laissant place qu'aux persifleurs

Il ne reste de la liberté

Qu'une portion congrue

Qui peine à nourrir l'âme humaine

Ensevelie sous ces crasses ignorances

Que l'on nomme certitude

Que l'on nomme croyance

Mais qui par le fait cache

Une peur des plus séculaires

Celle de l'abandon, de la solitude

Obligeant à s'asservir les uns les autres

Pour avoir le sentiment d'exister

Pour avoir l'illusion de se réaliser.

Traits de caractère

Désir

Maltraité par les fascistes

Bafoué par les féministes

Dévoyé par les machistes

Castré par les intégristes

Accusé de toutes les dépravations

De la part de pudibonds

Symbole de la perdition

De la part des gens trop bons

Ce mot simple est pourtant

Le mot de la liberté

Réclamé par tous pourtant

Mais ayant la haine du faux pas

Ils vous livreront à la vindicte populaire

Sous prétexte de SAVOIR

Phéromone

Liant notre société

Comme des chaînes aux pieds

Elle est la plus puissante

Sans limite dans le temps

Passant de main en main

Des pauvres aux riches

N'éprouvant aucun chagrin

Car ayant l'acquiescement de chacun

Assoyant les puissants dans leurs rôles

Sous les applaudissements de la plèbe

Elle joue son rôle à la perfection

En tant que digne représentante de l'humanité

Il s'agit de ce bien si précieux à ses yeux

Que l'on appelle argent

Nivelant par le bas l'humanité

Ouvrant les portes de tous les possibles

dans l'ignominie

En rendant les gens complètement abrutis.

Traditions

Nées de gestes millénaires

Gravés dans le marbre séculaire

Elles nous enferment

dans cette prison peu amène

Où l'importance n'est pas la raison

Mais bien l'absolue soumission

Nous berçant de cette illusion

D'un monde immuable

Alors qu'il est périssable

Malgré toutes nos négations

Nous continuons à les appliquer

Refusant toutes distinctions

Nous les entassons

Jusqu'à l'effondrement

Croyant qu'il s'agit de talismans

Alors qu'elles ne sont que de mauvais contes de fées.

Utiles vraiment ?

La vie a tellement moins de valeur que l'argent de nos

« Hommes d'affaires » et leurs cohortes de petits capos

Satisfaits de leurs médiocrités et de leurs incultures.

Pourtant ces gens finiront comme nous dans les abîmes de

l'oubli et la poussière de la terre.

Alors pourquoi nous imposent-ils leurs affres en se croyant

utiles ?

Nuit

Moments propices pour le chaos des pensées

Mélangeant tous les interdits sans aucune restriction

Elle peut faire de nous le pire comme le meilleur de tout ce que
l'on est.

Broyant la conscience en pierres de rêves

Pour nous donner un peu de liberté même dans le pire des
cauchemars

Elle refuse de suivre les censeurs

Panurges

À force d'écouter cette petite musique

Les panurges finissent par la revendiquer

Oubliant tout esprit critique

Répétant à l'envi ces paroles toxiques

Empoisonnant toutes formes d'expression

Sans même se rendre compte du mal

Qu'ils font à leurs libertés

Empêchant le bien-vivre ensemble

En le transformant en intégrisme

Où seul l'exercice de leurs petits pouvoirs compte

Les transformant en panurges nauséabonds.

Immobilité

Premier pas vers le mouvement perpétuel

Gravats

Petits dictateurs

Hommes autoritaires

Desséchés par la vie

Vous croyez rendre puissant votre pays

Vous croyez en un souvenir indélébile de vos « exploits »

Vanté à coups de propagandes et d'emprisonnements

Sculptant votre effigie dans des poses ridicules

Mais en fait vous ne faites que construire votre vie

Sur les gravats des émotions humaines

En profitant de la faiblesse des gens simples

En armant votre armée de petits capos

À grands coups de mots haineux

Sur les fondements de la vie

Sur toutes les démocraties

Mais comme tout puissant de ton espèce

Tu as juste oublié

Que tu vis sur une planète minuscule

Et que tes monuments ridiculement grands

Seront oubliés de tous

Et finiront en poussière

1-Confiance

Portes ouvertes aux croyances.

2-Croyances

Mots fournis par un tiers de confiance

3-...ismes

Mots fournis par un tiers de confiance

Acceptées sans esprit critique

Ouvrant la porte de cette pierre angulaire de la déraison.

Rouille

De cette couleur rouille

Montrant le temps qui passe

D'un vécu longtemps laissé à l'abandon

Elle continue sa vie marquée par ce temps

Ayant jadis servi à ciseler

À tailler

À sculpter

Maintes fois passée sous le crissement de la pierre

Pour briller de mille feux

Pour être plus acérée

Elle a fini par être oubliée

Dans les tréfonds d'un tiroir quelconque

Au profit d'une nouvelle plus légère qui finira comme elle

Avec de jolies couleurs rouille et de multiples rides

Dans les tréfonds d'un tiroir quelconque

Sentiments

De tous ces sentiments forts

qui vous sculptent des géants,

à la serpe, aux traits grossiers

et à la nature éclatante

de tous ces sentiments forts

vous maltraitant car montrant

ce que vous êtes sans fards.

Notre société n'en veut pas

préférant les enfermer dans une boîte normalisée

qui chauffée à blanc finira par exploser

en une myriade d'éclats de haine

qui ne nous laissera pas idem

alors que les enseigner nous permettrait

de nous dépasser

alors que les enseigner en ferait une force

permettant de devenir des humains accomplis

Notre société préférant des ânes

vomissant les inepties de nos aînés accros au pouvoir

elle a fait le choix ne pas les enseigner.

Bulles

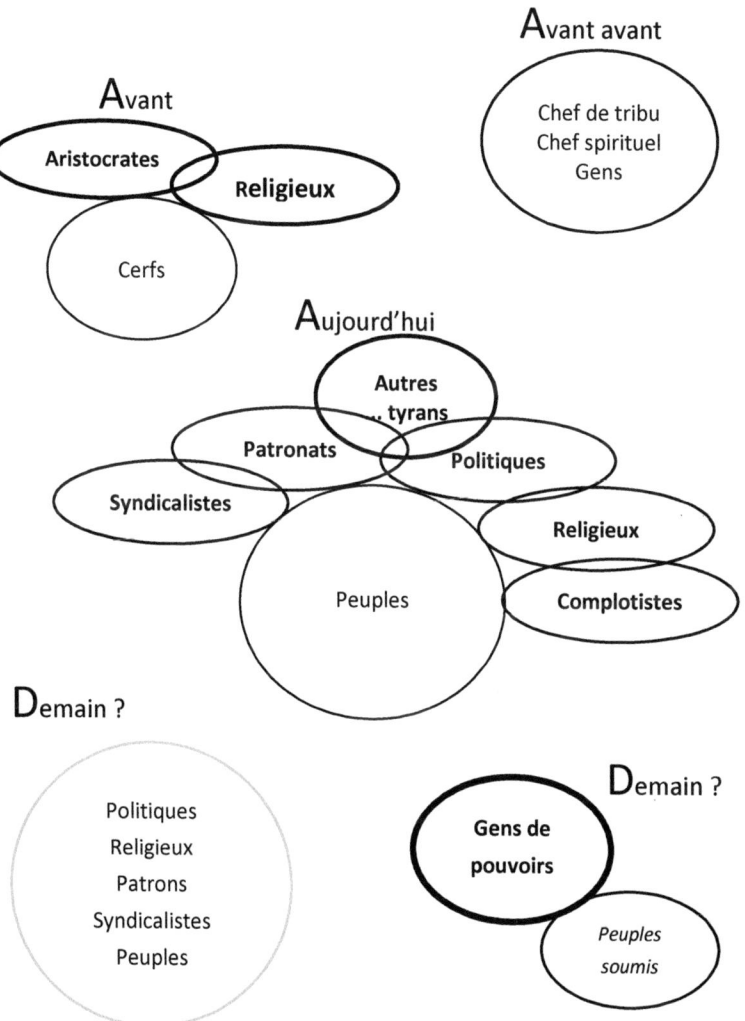

Complexité

Voilà bien un drôle de mot

Attirant l'opprobre de l'humanité

Responsable de tous les maux

Celle-ci préférant le refuge de la facilité

Tout cela rendu possible par les puissants

Ayant perdu de vue leur engagement

De tirer vers le haut les manants

Pour ouvrir l'humanité à de nouveaux horizons.

Bulles

Nos mots comme des bulles

S'égrenant au gré
Des vents contraires
Venant sur les rochers
de l'indifférence s'éclater

Éducations

On nous apprend à compter

On nous apprend à lire

On nous apprend à chanter

On nous apprend à écrire

On nous apprend à croire

On nous apprend l'histoire

On nous apprend à nous battre

On nous apprend à...

Mais on ne nous apprend pas

à comprendre

On nous demande de faire confiance

On nous demande de croire

Aveuglément en ces parents

Aveuglément en ces croyants

Aveuglement en tous ces tartuffes de la vie

Prétendus détenteurs de savoir

Mais aucun pour nous enseigner

Comment faire pour gérer

Toute cette colère

Toute cette haine

Tous ces sentiments négatifs

Tous ces sentiments positifs

nous saturant jusqu'à l'overdose

Personne pour nous dire qu'ils sont

partie intégrante de notre humanité

que les renier ne sert à rien

Personne pour nous apprendre à les gérer

Nous débattant avec nos pauvres moyens

pour les endiguer

Alors que ces conflits générés

peuvent, si facilement, être évités

Préférant laisser le soin

aux complotistes

aux opportunistes

aux intégristes

aux machistes

aux pacifistes

aux…

Bref ! à tous ces déglingués de la morale

De nous récupérer

pour nous abrutir de leurs paroles

pour nous faire devenir de parfaits

idiots sans esprit critique

confondant les génocides

avec les obligations morales

confondant l'individualisme

avec l'égocentrisme

confondant le collectif

avec le despotisme

…

Sans fond

La gravité des émotions

Est ce puits sans fond
De l'abîme humaine
Attirant à lui
Toutes les contradictions
de la vie

PAM

PAM pas qui marche

Pam pas qui marche

PAM poussière qui se soulève

Pam poussière qui se soulève

PAM PAm pam

Marche sans fin

Marche sans but

De l'absurdité de marcher

Qui nous pousse à vivre

Entourés de tous ces ahuris

Qui croient à CE but

Inexistant

Vide de sens

Qui nous pourrissent la vie

Qui nous pourrissent l'esprit

Qui nous embrouillent la vie

Avec leurs paroles rhétoriques

Avec leurs paroles antinomiques

De liberté mais bouffies par la haine

En plus des tyrans, despotes et intégristes de tous poils

Maintenant il faut se farcir ces gens-là...

Morts

Les morts n'ont pas de regrets

Seuls les vivants ont des regrets

Les morts n'éprouvent pas d'amertume

Seuls les vivants éprouvent de la rancune

Les morts n'ont pas besoin de divinité

Seuls les vivants ont besoin de prier

Les morts n'ont pas besoin de se sentir vivants

Seuls les vivants tuent pour éprouver ce sentiment.

Les mots

Ces mots écrits avec ce sang noir

Ont cet incommensurable pouvoir

De porter toutes les couleurs

Couleurs ne pouvant prendre la saveur

Que de celui qui les lit

Au point de perdre cette magie

Quand la personne s'avère être

Ce qu'il y a de pire être

Prostituant et travestissant ces mots

Qui auraient dû être les plus beaux

Pour les faire autrement paraître

Comme les mots les plus noirs

Symboles de désespoir

En laissant cette haine transparaître.

Pluralisme

Vision cacophonique

De notre époque

Ce pluralisme assourdissant

D'égoïsme n'est en fait

Qu'une vision réduite de la « réalité »

Où chacun brandissant son référentiel

Comme étant le slogan

De l'ultime réalité

Ne souffrant d'aucune critique

De la part de l'autre

Entraînant une vision distordue

Que l'on appelle liberté et respect

Alors qu'il s'agit d'un communautarisme

exacerbé appelant à l'individualisme

Oubliant ce que le collectif amène...

Train du Covid

Vision..........

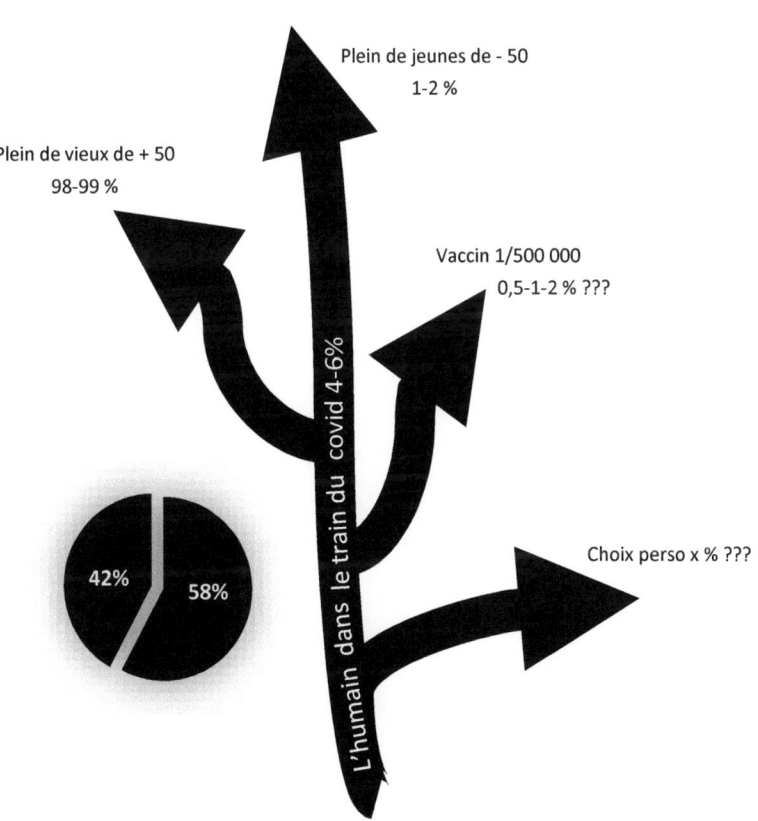

Plein de jeunes de - 50
1-2 %

Plein de vieux de + 50
98-99 %

Vaccin 1/500 000
0,5-1-2 % ???

L'humain dans le train du covid 4-6%

Choix perso x % ???

42%   58%

Sommeil

Lourdeur des paupières

Annonçant le cimetière
Ce moment où tu t'endors
Comme une petite mort

Ouvrant le chemin annoncé
D'un néant des plus probables
Qui se révèle en fait un monde déjanté
Ouvrant la porte de l'improbable

Où même le plus grotesque
Se transforme en burlesque
Et où ce corps fracassé/malmené
Par les tempêtes de la journée

Trouve enfin cet instant de repos
En étant englouti par ce flot
Désagrégeant la conscience
Annonçant le sommeil à venir

Probabilités

Mélangeant tous les possibles

Pour rendre accessibles

Tous les rêves inaccessibles

Avec pour seul limite

Ces pierres de granits monolithiques

Si mal aboutées sur le chemin du scepticisme

Mettant en exergue cet égoïsme

Qui fait achopper toutes les bonnes volontés

En empêchant le collectif d'avancer

Pour le faire précipiter

Dans l'impasse de l'autoritarisme

Honte

Déboulonnant les faits historiques

Pendant les nuits oniriques

Fermant les instituts pour subversions

Alors, que ne reporter ils ne font

Envahissant les pays sans défense

Stérilisant à tout va les descendances

Pour asseoir un tout petit pouvoir

Qui n'est que le reflet du miroir

De leur obsession de tyran

Croyant être maîtres de ce temps

Et que le sillon de leur haine perdurera

Ils oublient que de leurs traces il ne restera

Même pas le souvenir d'une page gravée dans le granit

Et que leurs symboles victimes d'une érection défaillante

Finiront aux fonds des chiottes de ce temps monolithe

Au même titre que toutes leurs victimes agonisantes

Persuadés quand réécrivant l'histoire

En effaçant les faits peu glorieux d'un soir

Ils redoreront leur blason si noir

Alors que lobotomiser la mémoire

De leur peuple ils feront

Cimentant ainsi ce cycle infernal de la haine

Sans aucune honte

Horloge

Doigts d'acier égrenant ce temps mécanique

Engendré par l'humanité pour disséquer l'univers

Où 3 600 fois par heure ce doigt murmure

Qu'illusions fumantes et vaporeuses

Vivant dans cette certitude monolithique

Que chaque seconde est un éclat de diamant

Qu'il faut consommer sans vergogne

Alors que ce cercle dessiné par ce doigt

N'est qu'un temps artificiel peuplé d'illusoires chimères

Où même les sylphides n'ont pas leur place

Dans ce temps fabriqué de toutes pièces

Où chaque shoot entraîne son lot de certitudes

Déclenchant apocalypse et cataclysme

L'humanité ne veut pas reconnaître

Ce mal qui est en elle

Préférant accabler ce temps mécanique

Créé par elle

Petites gens

Déchirées par la mort

Violées par le temps

Honnies par le fait d'être vivantes

Trahies par elles-mêmes

Ce sont les petites gens

Qui comme des fétus de paille

Subissent la constance des vents contraires

De ces drogués de l'argent

De ces pervertis du pouvoir

N'ayant comme digues

Que des politiques de tous bords

À la moralité douteuse

Ne cherchant point à les défendre

Mais plutôt à les pourfendre

Grâce aux précieux conseils

De ces prétendants au trône

Avides de dividendes

Murmurant à leurs oreilles

Ce qu'ils veulent entendre

Mais surtout, surtout pas

Ce qui devraient être dit

Pour aider les petites gens.

Big Pharma

N'ayant pour valeur morale

Non le coût du produit

Mais le montant maximal

Qu'ils peuvent racketter

Auprès des malades

Poussant le cynisme

Jusqu'à mettre en jeu la mort

De leurs potentiels patients

Pour ramasser toujours plus de blé

Empoisonnant au-delà du raisonnable

Notre environnement viable

Pour mieux apparaître comme des chevaliers blancs

Mais au final ces commerciaux n'ont de blanc

Que le chèque en blanc

Fait par nos dirigeants

Finissant de nous laisser un goût amer

En bouche de leur obsession de l'argent

Et non du bien-être des gens

Salissant le nom de la recherche

Crachant sur la beauté des sciences

Préférant être de mèche avec les véreux de service

Pour pouvoir avec plaisir recevoir ces primes

De bons vendeurs de mort et non de vie

Quantique

Le futur est quantique

Le présent est décohérence

Le passé est résultante

Lune blafarde

Lune d'un autre temps
Qui était le métronome
Des semis et des récoltes

Lune d'un autre temps
Qui était le lieu des songes
Place des cauchemars et des rêves

Tu es depuis devenu un astre
Qui a perdu sa symbolique
Pour devenir cosmologique

Tu es devenu un plan de cadastre
Appelé à être découpé en parcelles
Pour satisfaire l'avarice humaine

Page blanche

Ce moment où les idées deviennent insipides

Où la couleur de l'encre devient si fade

Que le trait de l'histoire s'évanouit sur la feuille

Ne laissant qu'une page d'un blanc immaculé

Engloutissant l'âme du rêveur dans ce néant éblouissant

Où toute échappatoire n'est qu'illusion

Tandis que tous les possibles continuent de s'exprimer

Avec une facilité déconcertante

Laissant rêveur ce scribe assidu

Pleurant sa muse perdue

Perdue sur un coup de tête

Horloge

Horloge mécanique, assemblage

D'infernaux rouages métalliques

Faisant tourner sans fin ses engrenages

Pour égrener des secondes hypothétiques

Horloge atomique, mesurant

Les oscillations de l'atome

Pour décompter à l'infini ce temps

Horloge optique, mesurant

Les oscillations d'un ion

Plus précise dans la recherche de ce Temps

Nous faisant croire en cette immutabilité

De ce flot intangible

Semblant jamais ne tarir

Alors que jamais il n'a commencé

FCQJD PCQJF

« Grands hommes » politiques

« Grands hommes » du business

« Grands hommes » despotiques

Ne faisant preuve d'aucune finesse

Aussi bien « Hommes que Femmes » ...

Du moment qu'ils soient en haut du podium

Ils ont tous ce travers très désagréable

Qui consiste à dire à la plèbe

Faite Ce Que Je Dis, Pas Ce Que Je Fais

Avec une mauvaise foi des plus notables.

Travail

Quel mot merveilleux

Synonyme d'émancipation
Synonyme de liberté
Synonyme de participation
Mais à cause de la décrépitude
De nos si fières élites
Qui ont transformé ce mot en enfer
Pour leurs petits plaisirs égoïstes
En nous faisant croire dur comme fer
Que la liberté n'existe que par le travail
Ils nous ont transformés en bétail
Asservis et abrutis par ce consumérisme
Qu'ils ont érigé en doctrine ultime
Semant cette douce illusion
Que cet acte est libérateur
Nous permettant de nous ouvrir au monde
Alors que cette outrancière consommation
Ne fait que précipiter la fin de notre ère
Transformant notre planète en désert
Ne croyez pas que les pays autoritaires
Valent beaucoup mieux
Ils ne sont que l'égal de nos élites
Avec l'avidité du pouvoir en sus
Si ce mot « travail » à une époque pouvait

Signifier accomplissement personnel
Il est devenu de nos jours ce mot
Dévoyé par nos élites
Qui ne signifie plus qu'asservissement
Nous ayant transformés en rouages inutiles
Dans cette machine dysfonctionnelle
Qu'est notre société

Mémoire

Chemin d'eau figé dans le temps et l'espace

S'évaporant au fil des saisons qui s'égrènent

Climat

Où sont donc passés ces si forts hivers

Qui serraient l'eau au point d'en faire du fer
Fer si dur et aux couleurs si glaciales
Transformant l'eau en cathédrale de lumière.
De cet hiver, il n'en reste qu'une bise fraîche
Dans laquelle les espoirs d'antan s'évaporent

Page blanche

Au fil des volutes du temps qui s'égare

Le chemin paraît plus vaporeux que la brume des matins

Qui s'élève au gré des rayons du soleil

Donnant cette sensation de plénitude

D'un devoir quelconque accompli

Qui nous envahit de tout notre être

Ne laissant en nous qu'un esprit vide de toute idée

Perdu en contemplation devant cette feuille vide de sens

Référentiel

Souvenirs

Fragments passés de vécus

Forgeant notre être

Nous guidant inlassablement

Sur ce chemin sans fin

Où chaque morceau de notre âme

Est une indication lumineuse

Nous cachant tous les possibles

Offerts à nous par la vie

Faisant croire que seul ce chemin est notre salut

L'attente inutile

Être là, les bras ballants dans l'air du temps

Attendant debout avec certitude ce moment
Annonciateur d'un changement de chemin
Alors que ce n'est que le quotidien

19°C

Ce matin au détour d'une info grésillante

J'ai appris qu'il allait falloir se chauffer à 19° C

Quelle bonne nouvelle moi qui me chauffait à 17° C

Je vais pouvoir me chauffer de façon exponentielle

Pour pouvoir sauver la planète et économiser l'énergie ......

Une fois de plus, nos hommes et femmes politiques

Emmitouflés dans des habits d'apparat

Comment font-ils pour nous prendre

À ce point pour des conn...

De l'extrême droite à l'extrême gauche

Du fanatisme à l'intégrisme

Comment ces gens-là peuvent-ils être à ce point perchés

Sur des hauteurs qui confinent à l'absurdité de l'infini

Ils sont censés être éduqués

Ils sont censés être bien formés

Ils sont censés nous respecter

En fait, ce ne sont que des gens de pouvoir

Complètement enfermés dans leur grotte de Platon

Refusant d'en sortir

Prêts à tout brûler pour leur place, la protéger

19° C, la bonne blague, alors que tout part en couille.

Lune blafarde

Lune blafarde

Pâle copie du soleil

Projetant sans fard

Ta blême lumière

Transformant ombres de jour

En linceuls de nuit

Laissant pour murmures

Sons éparses

Et mouvantes chimères

Tu éveilles nos vieilles peurs

Des diurnes que nous sommes

Alors que de ta faible lumière

Sur la voûte céleste

Tu nous offres ce ballet infini

De soleils lointains si brillants

De fleuves de diamants

S'écoulant depuis la nuit des temps.

Minorité

Minorité passant son temps à gueuler

Et à profondément nous emmerder

Réclamant toujours plus sans modération

Alors que les limites sont finies

Tandis que notre monde sombre

Et que nos démocraties s'étiolent

Il serait temps qu'on s'en rende compte

Qu'on a une part de responsabilité

Que celle-ci n'est pas de consommer plus

Mais de ramener à raison

Ces extrémistes de la « liberté »

Usant de violence comme un bien commun

Ces élites politiques perdues

Dans le vertige de l'inutilité administrative

Ces conglomérats assoiffés

Par un pouvoir sans limite et l'anonymat

Ces intégristes vomissant la haine des autres

Sous couvert de respect

Toutes ces minorités haineuses

Qui nous entraînent toujours plus bas

Oui, il serait temps que la majorité silencieuse

Botte enfin le cul de ces minorités

Qui pourrissent notre monde et notre vie

À votre tour

Sur ces quelques feuilles blanches

Ne pas hésiter, prenez un stylo

Et abreuvez de vos mots

Vos pensées qui s'épanchent